BEI GRIN MACHT SICH IHR WISSEN BEZAHLT

- Wir veröffentlichen Ihre Hausarbeit,
  Bachelor- und Masterarbeit

- Ihr eigenes eBook und Buch -
  weltweit in allen wichtigen Shops

- Verdienen Sie an jedem Verkauf

Jetzt bei www.GRIN.com hochladen und kostenlos publizieren

Bibliografische Information der Deutschen Nationalbibliothek:

Die Deutsche Bibliothek verzeichnet diese Publikation in der Deutschen National-
bibliografie; detaillierte bibliografische Daten sind im Internet über http://dnb.d-
nb.de/ abrufbar.

Impressum:

Copyright © 2012 GRIN Verlag
Druck und Bindung: Books on Demand GmbH, Norderstedt Germany
ISBN: 9783668855717

Dieses Buch bei GRIN:

https://www.grin.com/document/454023

Serpentina Olympia

Verschiedene Rezensionen zur Einführung in die Deutschdidaktik

GRIN Verlag

GRIN - Your knowledge has value

Der GRIN Verlag publiziert seit 1998 wissenschaftliche Arbeiten von Studenten, Hochschullehrern und anderen Akademikern als eBook und gedrucktes Buch. Die Verlagswebsite www.grin.com ist die ideale Plattform zur Veröffentlichung von Hausarbeiten, Abschlussarbeiten, wissenschaftlichen Aufsätzen, Dissertationen und Fachbüchern.

Besuchen Sie uns im Internet:

http://www.grin.com/

http://www.facebook.com/grincom

http://www.twitter.com/grin_com

Institut für Germanistik

Fakultät für Kulturwissenschaften

Alpen – Adria Universität Klagenfurt

Einführung in die Deutschdidaktik

Rezensionen

Inhalt

1 Einleitung

Im Folgenden werden theoretische Texte zum Themenbereich „Mehrsprachigkeit im DU"
rezensiert. Darauf aufbauend wird ein Essay verfasst über die Vor- und Nachteile eines
solchen Unterrichts verfasst.

2 Rezension: Schwerpunkt „Mehrsprachiger DU"

Ich möchte hier einige Theorien vorstellen, welche ich als Grundlage für mein Essay benutzt
habe. Die vollständigen Quellen befinden sich im Anhang.

2.1 Rastner, Eva Maria: Mehrsprachigkeit als Sprach- und Kulturkompetenz

Der Themenkomplex der „Ide" in der dieser Artikel erschien, befasst sich mit Sprachbewusstsein und Sprachenvielfalt im Alltag sowie im DU. Eva Maria Rastner ist eine der drei Heraus-
geberInnen dieses Heftes. Sie arbeitet eng mit Werner Wintersteiner, dem Institutsvorstand der
Germanistik in Klagenfurt, zusammen und beschäftigt sich in erster Linie mit didaktischen
Fragen, wobei ein Schwerpunkt auf Deutsch als Zweitsprache (DaZ) liegt.

Sie vertritt die Position, dass Mehrsprachigkeit im modernen schulischen Unterricht integriert
werden muss, da kulturelle und sprachliche Vielfalt sowohl alltäglich als auch im Zeitalter der
Globalisierung lebensnotwendig ist. Ein DU, der sich auf die Standardsprache beschränkt, sei
demnach veraltet. Eine Klasse ist nicht einheitlich, selbst dann nicht, wenn sie nur aus Personen ohne Migrationshintergrund bestünde, was selten der Fall ist. Es sollten sämtliche
Sprachvarietäten (also auch Dialekte) berücksichtigt werden, die in einer Klasse vorhanden
sind.

Der Text entstand im Kontext einer veränderten Sichtweise der Didaktik sowie des Lehrplans
für den DU, die beide die Bedeutung von Mehrsprachigkeit erkannt haben. So verlangt der
Lehrplan heutzutage, die deutsche Sprache nicht isoliert, sondern im Zusammenhang mit den
vorhandenen Sprachvarietäten und vor allem den Fremdsprachen zu betrachten. Dies ist für
ein harmonisches Zusammenleben unerlässlich, da ein interkultureller Unterricht zu Transkul-
turalität führt, das heißt die Kulturen in einer Person vermischt werden.

Er richtet sich in erster Linie an DeutschlehrerInnen – aber grundsätzlich an alle LehrerInnen - beziehungsweise Studierende, die bald Deutsch unterrichten werden, - und liefert Beispiele dafür, wie ein mehrsprachiger DU aussehen könnte. Rastner folgt hier dem Vorbild von Ingelore Oomen-Welke, die in der Mehrsprachigkeitsdidaktik bedeutende Konzepte und Lehrbücher wie dem „Sprachenfächer" entwickelte, die sowohl die Interessen der Kinder (z.b. „Benimm bei Tisch) ansprechen als auch den Sprachenvergleich in den Mittelpunkt rücken.

Kinder entwickeln laut dem Text auf natürliche Weise sehr früh ein Sprachdifferenzbewusstsein. Mehrsprachig aufgewachsene Kinder fragen häufig bereits mit drei Jahren, wie Wörter in einer ihrer Sprachen heißen, wenn sie diese lediglich in einer anderen kennen. Allerdings begegnen ihnen Erwachsene ab einem bestimmten Alter ablehnend auf diese Fragen. Ein möglicher Grund ist Angst vor Kontrollverlust, wenn Erwachsene die fremde Sprache nicht verstehen.

Übernimmt man die Theorien moderner Didaktik, muss man auf solche Fragen eingehen und an sie anknüpfen. So kann ein Sprachenunterricht stattfinden, der an den Interessen der SchülerInnen anknüpft. SchülerInnen reflektieren sprachliche Äußerungen. So wird beispielsweise gefragt, ob eine Äußerung als Frage gemeint war, bei Schimpfwörtern über deren Wirkungsweise reflektiert oder Fremdsprachenwissen für einen Sprachenvergleich verwendet (z.B. kalt vs. ital. caldo). Dabei gehen die Kinder allerdings unsystematisch vor: lernen sie neue Wörter oder werden bestimmte Äußerungen getätigt, so diskutieren sie über diese.

Der DU sollte an diese Diskussionen anknüpfen, die ein natürliches Interesse von Kindern an Sprachen aufzeigen, und die deutsche Sprache in ihrer Gesamtheit im Vergleich zu allen Sprachvarietäten und vorhandenen Fremdsprachen benützen. So könnten Kinder mit Migrationshintergrund gefragt werden, wie ein Satz in ihrer Sprache heißt und daran anknüpfend Grammatikunterricht stattfinden. Außerdem sollte über die verschiedenen Kulturen reflektiert werden, um ein multikulturelles Verständnis aufzubauen. So wäre auch ein Fremdsprachenunterricht möglich, der Sprachstrukturen verdeutlicht.

Ich habe die Möglichkeit eines sprachenvergleichenden DUs in meinem Essay diskutiert und möchte daher hier darauf verzichten. Ich bin der Ansicht, dass der Artikel gut geeignet ist, um in das Themenfeld einzuführen, da er relativ kurz gefasst ist und die wichtigsten Argumente sowie Beispiele für einen mehrsprachiger Unterricht aufführt. Rastner drückt schließlich die Hoffnung aus, dass DeutschlehrerInnen sich zukünftig als SprachenlehrerInnen verstehen. Ich habe aus diesem Text den Schluss für mich gezogen, den Versuch zu unternehmen, Sprachen miteinander zu vergleichen, was jedoch nur möglich ist, nachdem eine Vertrauensbasis in der Klasse geschaffen wurde.

2.2 Struger, Jürgen: „Das gehört sich nicht"

Jürgen Struger studierte Sprachwissenschaft und Germanistik an der Alpen-Adria Universität Klagenfurt. Heute arbeitet er im SchreibCenter derselben Institution und ist am Institut für Germanistik Lehrbeauftragter für Sprachwissenschaft. Außerdem assistiert er am Österreichischen Kompetenzzentrum für Deutschdidaktik, welche seinen Schwerpunkt bildet.

Er setzt sich in diesem Text mit der Frage auseinander, inwieweit Dialekte im Deutschunterricht einen Stellenwert bekommen sollten. Dabei bezieht er sich unter anderem auf Rastner und Wintersteiner, die Mehrsprachigkeit als lebensnotwendiges Kriterium eines globalen Zeitalters betrachten. Dialekte und Standardsprachen folgen häufig unterschiedlichen Regeln, weshalb Struger dafür plädiert, auch die Beherrschung dieser Varianten als Form der Mehrsprachigkeit anzuerkennen, als „innere Mehrsprachigkeit" (S.45).

Er versteht Sprache als identitätsstiftendes Medium, kritisiert jedoch die Zuordnung zu einer bestimmten sozialen Gruppe, da diese Sichtweise Dialekte einer bildungsferneren Schicht zuordnet und die Standardsprache als einzig korrekte Variante versteht.

Die angeführten Argumente, die u.a. von Rosenberg formuliert wurden und Dialekte als problematisch erkennen, erinnern stark an die Schwierigkeiten, die Kinder mit Deutsch als Zweitsprache haben: vor allem die Kasuswahl zwischen Dativ und Akkusativ und eine angemessene Wortwahl fällt schwer. Die Bekämpfung dieser Schwächen kann entweder durch einen verschärften Blick auf die Standardsprache stattfinden – eine Methode, die beim Zweitspracherwerb bereits als sehr problematisch diskutiert wird (vgl.Benz 2011, S.29-39) - oder durch einen Vergleich der beiden Sprachvarianten, der die Erkenntnis ermöglicht, dass diese in unterschiedlichen Situationen angebracht sind und im Kontrast zueinander das Verständnis für sprachliche Zusammenhänge schärfen können.

Wesentlich ist die Unterscheidung in Mündlichkeit und Schriftlichkeit: während in der gesprochenen Form dialektale Färbungen gewöhnlich sind – beinahe jeder Mensch spricht irgendeine Variante des Deutschen, auch wenn es große Unterschiede zwischen „echten" DialektsprecherInnen und jenen gibt, die eher standardsprachlich erzogen wurden -, folgt die Schrift Normen. Dies hat zur Folge, dass viele LehrerInnen der Schriftlichkeit einen größeren Stellenwert verleihen als der Mündlichkeit – bei meinen Interviews erwähnte kein/e der Befragten Gespräche als Teil des DU. Durch die Mündlichkeit werden Differenzen wie die Herkunft erst bewusst wahrgenommen. Daher plädiert Struger für einen Unterricht, der die gesprochene Sprache ebenso ernst nimmt wie die geschriebene. Außerdem ist es für ein Sprachbewusstsein nötig, Unterschiede in der Mündlichkeit zu dokumentieren und zu besprechen. Dabei sollte der Fokus nicht auf einer „richtigen" Variante liegen, da es diese laut Struger nicht gibt: geht man von einer inneren Mehrsprachigkeit aus, so handelt es sich um verschiedene Sprachen, die genauso wenig wie unterschiedliche Standardsprachen in jeder Situation angewendet werden können. Diese Tatsache sollte im Mittelpunkt des DU stehen: wann kann welche Variante verwendet werden?

Dieser Text richtet sich in erster Linie an Lehrende beziehungsweise Lernende mit der Absicht, eine lehrende Funktion zu übernehmen. Ich glaube allerdings, dass alle lesefähigen Personen eine Lehre daraus ziehen können. Der Habitus, gesprochene Aussagen aufgrund ihrer Abweichung von der Standardsprache zu kritisieren, ist stark vorhanden.

Dieser Text ist ebenfalls Grundlage meines Essays, in welchem ich die Vor- und Nachteile eines Sprachenvergleichs diskutiere.

2.3 Dürscheid, Christa: Sprache im Deutschunterricht

Christa Dürscheid ist eine deutsche Linguistin aus Baden-Württemberg, die an der Universität Zürich als Professorin an der Philosophischen Fakultät tätig ist und den Lehrstuhl für Deutsche Sprache inne hat. Ihre Schwerpunkte liegen unter anderem in der Grammatik und der Varietätenlinguistik.

Der hier vorliegende Text führt in das erste Themenheft der Zeitschrift „Der Deutschunterricht" ein, das sich mit Sprachvarietäten in der deutschen Sprache befasst. Dürscheid geht zunächst auf den Stellenwert der deutschen Sprache ein, den diese laut den BiST einnimmt: sie ist gleichzeitig Medium, Gegenstand und Prinzip des schulischen Unterrichts. Darauf Bezug nehmend stellt sie die Grenzen der deutschen Sprache in Frage. Dabei ist sie der Meinung, dass die Anforderung einer korrekten Schreibweise in schulischen Aufsätzen nicht leicht zu verwirklichen ist. Sowohl LehrerInnen als auch SchülerInnen sollten bereits bei der Mündlichkeit auf ihre Wortwahl achten. Diese geht jedoch spontan vonstatten, weshalb Fehler – anders als bei der Schriftlichkeit – toleriert werden können.

Anhand einiger anschaulicher Beispiele erklärt sie die Problematik dieser Anforderungen: LehrerInnen sind sich oft selbst nicht sicher, welche Schreibweise aktuell korrekt ist. Während bei der Rechtschreibung einheitliche Regeln existieren und jedes Wörterbuch nach der letzten Rechtschreibreform (2006) dieselben Möglichkeiten nennt, variieren grammatische Regeln und sind häufig unklar formuliert (z.B. „wird überwiegend" S.3)

Dürscheid argumentiert, dass die Aufmerksamkeit für die Varietäten die Sprachreflexion und Sprachaufmerksamkeit schulen kann, indem beispielsweise über den Unterschied zwischen Mündlichkeit und Schriftlichkeit diskutiert wird. Dieser wurde in der LV besprochen und ich glaube, dass dies nicht nur für Studierende interessant ist, sondern auch Jugendlichen eine Basis liefert, sich gegen ständige Korrekturen mündlicher Äußerungen zu verteidigen (da situationsabhängig kommuniziert werden sollte, vertrete ich die Ansicht, dass im professionellen Bereich, der Schule, mehr Wert auf korrekte Formulierungen gelegt werden muss als beispielsweise daheim).

Der Text ist in erster Linie an SprachwissenschaftlerInnen und LehrerInnen gerichtet. Da er in einfacher Sprache geschrieben ist, glaube ich jedoch, dass er alle Sprachinteressierten ansprechen kann. Er hat mir eine neue Sichtweise von Sprachvarietäten eröffnet, da ich mir nicht bewusst war, wieviele Unklarheiten es bezüglich der Regeln deutscher Sprache geben kann.

Eine Diskussion mit SchülerInnen über dieses Thema zu führen, wie es der Text vorschlägt, denke ich mir durchaus lehrreich. Kinder reflektieren so über Grenzen, aber auch über Freiräume der deutschen Sprache.

Die Autorin bezieht sich auf aktuelle Wörterbücher, Grammatikhilfen und die BiST und baut zahlreiche Beispiele ein, um ihre Argumentation zu verdeutlichen. Außerdem verweist sie auf die Internetseite des „Rats für deutsche Rechtschreibung", auf der die Regeln der neuesten deutschen Rechtschreibung zu finden sind.

Wird über den Variantenreichtum der deutschen Sprache reflektiert, muss auch diskutiert werden, weshalb eine bestimmte Variante in einem bestimmten Kontext angewandt werden darf. Dabei berücksichtigt Dürscheid auch die Kommunikationsformen Jugendlicher wie Chat oder Foren, in denen andere Regeln herrschen als im DU. Damit folgt sie der Anforderung der modernen Didaktik, auf die Interessen der SchülerInnen einzugehen.

Der Wörterbuchvergleich verdeutlicht die Bedeutung des Themas und vereinfacht das Leseverständnis. Eine Lösung für das Problem der Unsicherheit für richtige Sprachformen, die sogar LehrerInnen betrifft, wird nicht genannt. Damit wird das Ziel des Artikels erreicht, weiter zu lesen.

2.4 Stirnemann, Knut : Wer hat recht oder wer hat Recht?

Knut Stirnemann unterrichtete Germanistik, Musikwissenschaft, spanische Sprache und Mittelschuldidaktik in Zürich. Er gilt als Maturaexperte, gestaltete Deutschlehrpläne für das Gymnasium mit und veröffentlichte Materialien für den DU wie den hier vorliegenden Text. Außerdem ist er Fachvorstand des interdisziplinären Sprachfachs „Linguistisches Portal".

Er tritt für einen alternativen DU ein, in dem Sprachvarianten berücksichtigt werden. In diesem Text thematisiert er in diesem Zusammenhang, dass in Wörterbüchern für beinahe alle Wörter mehrere Schreibarten zu finden sind und konzipiert ein Modell für DeutschlehrerInnen als Anleitung, wie mit diesen Varianten gearbeitet werden kann.

Er bettet seine Auseinandersetzung mit dem Thema in Diskussionen rund um die Rechtschreibreform ein. Er ist der Ansicht, dass die Rechtschreibreform weniger fatale Folgen hätte als von vielen LehrerInnen angenommen. Es sei zwar verständlich, dass die Beschränkung auf eine einzige Schreibweise einfacher zu lehren sei, diese entspräche jedoch nicht der natürlichen Sprachentwicklung.

Um diese Position zu unterstreichen, nennt er vier mögliche Erklärungen für Varianzen: die sachbedingte entsteht in der Sprachentwicklung und tritt dann auf, wenn feste Wendungen mit Präpositionen zu Adverbien verschmelzen (z.B. zutage treten - zu Rande kommen), die komplexitätsbedingte enthält zu komplexe Regeln für einen Großteil der Bevölkerung (z.B. Zeichensetzung, die bei natürlichem Sprachgebrauch unverständlich ist), die traditionsbedingte entsteht durch die Eindeutschung von Fremdwörtern (z.B. Schofför – Chauffeur) und die konzeptionsbedingte beruht auf widersprüchlichen Auffassungen der Wissenschaft (z.B. aufs Beste (substantiviertes Adjektiv) – aufs beste (feste Wortgruppe mit adverbialer Funktion)).

Entsprechend den Anforderungen moderner Didaktik tritt er in seinem Modell dafür ein, dass SchülerInnen in höheren Schulstufen (solange die Rechtschreibung noch nicht sicher ist, besteht die Gefahr, die Kinder zu verwirren) mithilfe von Wörterbüchern selbstständig die Varianten entdecken und erklären. Der/die LehrerIn erfüllt eine beratende und begleitende Funktion, indem er/sie die Jugendlichen beispielsweise auf einen Teil im Buch hinweist, in dem Bindestrich und Worttrennungen am Zeilenende erklärt werden. Hier handelt es sich bereits um Grammatikfragen, weshalb eine Diskussion über Kommasetzung bei Partizip- und Infinitivgruppen sowie bei Konjunktionen (und, oder) besprochen werden kann. So wird gleichzeitig ein vertieftes Verständnis für Grammatikregeln geschult.

Eine mögliche Begründung für Sprachvarianzen ist die Eindeutschung von Fremdwörtern. In diesem Bereich ist es möglich, andere Sprachen, die in der Klasse vorhanden sind, hinzu zu ziehen und Unterschiede zu diskutieren.

Das Modell zielt darauf ab, Kinder auf Sprachvarietäten aufmerksam zu machen. Es sollte über Vorzugsvarianten diskutiert und deren Vorrangstellung erklärt werden. Gleichzeitig wird ein Grundstein gelegt, um Sprachenvielfalt an sich zu diskutieren und so mehrsprachigen Unterricht durchzuführen.

Der Text geht die Arbeitsschritte aufeinander aufbauend durch, so dass er als Anleitung zum eigenen Unterricht verwendet werden kann. Außerdem stellt er die Praxis in engen Zusammenhang mit theoretischen Vorstellungen einer Mehrsprachigkeitsdidaktik, womit gleichzeitig eine Argumentation bereit gestellt wird, weshalb ein solcher Unterricht durchgeführt wird. Eine Arbeit nach diesem Modell führt zu einer vertieften Einsicht in die innere Mehrsprachigkeit, die meines Erachtens Voraussetzung dafür ist, Mehrsprachigkeit nicht als andersartig, sondern als Teil jedes Menschen wahrzunehmen.

2.5 Benz, Victoria: Lese-Schreib-Lehrgang Türkisch-Deutsch

Victoria Benz studierte Lehramt für die Grundschule und Interkulturelle Pädagogik/Deutsch als Zweitsprache. Diesen Schwerpunkt behielt sie nach dem Studium bei und arbeitet seit 2009 in Sydney.

Der Text stellt ein Modell des zweisprachigen Schriftspracherwerbs vor. Benz entwickelte ein Modell nach dem Vorbild von KOALA, der „Koodinierten Alphabetisierung im Anfangsunterricht" und benannte dieses mit demselben Namen, da ihr dieser die Möglichkeit gab, eine Koala-Handpuppe zu Motivation der Kinder zu verwenden.

Sie ist davon überzeugt, dass die Muttersprache von Kindern nicht unberücksichtigt bleiben darf, da die Sprachen sich gegenseitig beeinflussen. Den Sinn eines isoliert abgehaltenen Muttersprachenunterrichts stellt sie in Frage und bezieht sich auf die Forschungsergebnisse einer 2002 in Österreich von Grosse durchgeführten Studie, laut denen Kinder aus Serbien, Kroatien oder Bosnien Vorteile aus solch einem Unterricht zogen, türkisch sprechende jedoch keine Verbesserung zeigten. Aus diesem Grund wählt sie das Konzept, für das KOALA sich ausspricht: vergleichenden Sprachenunterricht.

Benz zielte auf eine bilinguale und bikulturelle Erziehung ihrer türkisch-sprachigen SchülerInnen. Sie veränderte das Originalmodell um eine wesentliche Komponente: statt zwei LehrerInnen, von denen eine/r MuttersprachlerIn ist, entschied sie sich dafür, den vergleichenden Unterricht im Alleingang abzuhalten. So vermied sie Konflikte, die bei einer Kooperation entstehen hätten können. Außerdem bedurfte sie nicht so vieler kostspieliger Ressourcen wie das Original, welche das Zustandekommen eines solchen Unterrichts verhindert hätten. Sie informierte alle LehrerInnen über ihre Planung, organisierte den Einsatz in einer ersten Klasse und sandte zweisprachige Elternbriefe an die türkischen Eltern, um diesen ihre Wertschätzung zu zeigen.

Den Unterricht hielt sie mithilfe einer Anlauttabelle, in der die Unterschiede der Buchstaben zwischen den Sprachen graphisch dargestellt wurden. Die Kinder durften die türkische Sprache verwenden, wenn sie besser dazu geeignet war, ihre Gefühlslage auszudrücken. Zunächst wurden Buchstaben besprochen die eine Phonem-Graphem-Gleichheit im Türkischen und Deutschen aufwiesen. Dann kamen stets die Buchstaben hinzu, die aufgrund ihrer Häufigkeit eine besondere Relevanz in einer Sprache spielen.

Benz lässt ihre SchülerInnen im DU eigenständig Buchstaben erarbeiten, wodurch der Lernstand stark variiert. Im zweisprachigen Unterricht orientierte sie sich an den schwächeren SchülerInnen im Deutschen.

Sie ging bei der Planung des Unterrichts von Theorien aus, die mehrsprachige Erziehung für relevant erachten und Vorteile versprechen. Bei der Beurteilung des Lernfortschritts verglich sie mit Theorien zum Schriftspracherwerb, die diesen als Stufenabfolge erklären (z.B. Dehn 2006). Diese Theorien berücksichtigen bereits den U-Kurven-Effekt, also einen scheinbaren Rückschritt im Laufe des Schriftspracherwerbs, erwähnen ihn jedoch nicht explizit.

Benz verglich ihre Klasse mit einer, die nach dem Ursprungsmodell unterrichtet wurde und einer, die isolierten Muttersprachenunterricht genoss. Die Ergebnisse sprechen eindeutig dafür, dass Sprachbewusstsein in ihrer Klasse stärker vorhanden war: sie konnten die Interferenzbuchstaben, also jene, die Unterschiede zwischen dem Deutschen und dem Türkischen aufweisen, zu 62% korrekt verwenden, während die anderen Klassen nur 26,6% beziehungsweise 14,6% erzielten.

Das Modell richtet sich in erster Linie an GrundschullehrerInnen mit mehrsprachigen SchülerInnen. Auch wenn ich vermutlich nicht in eine solche Position kommen werde, so halte ich die Verdeutlichung der hervorragenden Ergebnisse eines vergleichenden Sprachenunterrichts dennoch für spannend – gerade türkisch-sprachige Kinder haben häufig Nachteile im Bildungsbereich, weshalb es erstaunlich ist, dass sie innerhalb kurzer Zeit ein hohes Niveau erzielen können. Die Eltern halfen jedoch – anders als gewöhnlich - mit, da ihnen Wertschätzung entgegen gebracht wurde. Somit wurde den Kindern nicht nur von schulischer, sondern auch von familiärer Seite die Bedeutung einer schriftsprachlichen Kompetenz nahe gelegt.

2.6 Karlas, Maria: Herausforderungen neuer Aufgaben

Maria Karlas studierte Deutsch als Fremdsprache/Erziehungswissenschaften in Leipzig. Seit 2010 ist sie als Lehrkraft an einer privaten (Berufs-) Fachschule für Sozialwesen/Heilpädagogik tätig. Ihr Forschungsschwerpunkt liegt auf der (vor-)schulischen Sprachförderung von Kindern mit Deutsch als Zweitsprache sowie auf deren Anfängen in der Alphabetisierung.

Der Text analysiert zwei Unterrichtseinheiten im Alphabetisierungsunterricht. Karlas verfolgt dabei das Ziel, Bedingungen und Voraussetzungen zu formulieren, die nötig sind, um Kinder zu selbstständigen Individuen zu erziehen und ihnen ein selbstgesteuertes Lernen zu ermöglichen. Sie geht davon aus, dass Kinder zunächst stark lehrerzentriert lernen, dieses Verhalten jedoch ablegen müssen, um den gesellschaftlichen Herausforderungen entsprechen zu können.

Sie wendet sich in erster Linie an LehrerInnen und jene, die bald lehren werden und möchte mit ihrer Studie Anregungen für eine lernerorientierte Unterrichtsgestaltung geben. Dazu untersuchte sie „Lernschwierigkeiten" (S.41), die sie anhand von Störungen im Unterrichtsverlauf erkannte.

Der Text beinhaltet lediglich eine von sechs Möglichkeiten für solche Probleme. Sie nennt dennoch alle sechs: das Arbeitsblatt ist zu unübersichtlich gestaltet, die Lernenden verstehen die Aufgabenstellung anders als von der Lehrperson gemeint, Wortschatzprobleme, es herrscht Unklarheit über die Reihenfolge der zu bearbeitenden Themen, die SchülerInnen haben Schwierigkeiten beim Umgang mit dem Übungsmaterial oder ihnen fehlt grammatisches Vorwissen.

Aufgaben anders zu verstehen beziehungsweise – wie von Karlas formuliert – „Fehlhypothesen über die Art der Aufgabenstellung" (S.42) zu formulieren, bezieht sich auf Probleme im Unterrichtsverlauf bei unklar formulierten Kriterien. Die Bedeutung eindeutig formulierter Kriterien wurde in der LV häufig erwähnt. In den Übungen zur Unterrichtsplanung konnte ich entdecken, wie schwierig diese Anforderung zu erfüllen ist.

In dieser Studie werden das Problem und die Bedeutung klarer Aufgabenstellungen und konsequenter Durchführungen derselben seitens des/r LehrerIn fokussiert. Da die SchülerInnen nicht verstehen, was von ihnen verlangt wird, änderte die Lehrerin ihre Vorgehensweise, sodass statt der anfangs verlangten selbstständigen Lösungssuche, im Voraus Rückmeldungen gegeben und die korrekten Antworten auf die Tafel geschrieben wurden. Das Ziel, die Kinder von der Lehrerorientierung weg zur Selbstständigkeit zu führen, wird nicht erreicht.

Karlas stellte außerdem Probleme bei der Bearbeitungsrichtung fest, da die Lehrerin alle Antworten von Beginn der Übung an wiederholt haben will, die Kinder jedoch lediglich auf die zuletzt gegebene Antwort eingehen. Auch hier ist die Aufgabenstellung undeutlich formuliert. Es wäre zudem einfacher, erst abschließend alle Antworten wiederholen zu lassen und so eine klare Richtung beizubehalten.

Abschließend stellt die Autorin fest, dass die Aufgaben und die Reihenfolge, in der sie zu lösen sind, klar festgelegt sein müssen. Diese Studie bezieht sich zwar auf zweisprachig aufgewachsene Kinder, bei welchen diese Anforderungen noch stärker zu beachten sind als bei MuttersprachlerInnen. Ich glaube aber, dass sie sich genauso auf einsprachig aufgewachsene MuttersprachlerInnen anwenden lassen.

Die Lehrperson sollte außerdem ihre Zielsetzung beibehalten. Es ist möglich, Missverständnisse individuell zu klären ohne dabei die Antworten zu „verraten". Bei häufigen Missverständnissen derselben Art sollte dies als Hinweis gewertet werden, die Aufgabe anders zu formulieren anstatt auf die Unfähigkeit der SchülerInnen zu schließen und ihnen die Antworten vorzugeben.

Ich finde diese Studie sehr anschaulich. Trotz der Kürze sind Beispiele vorhanden, durch die Probleme verständlich dargestellt werden. Karlas beginnt mit dem theoretischen Hintergrund und ihrer Zielsetzung, geht anschließend auf die Studie ein und erstellt auf dieser aufbauend zentrale Anforderungen an LehrerInnen.

2.7 Bachor-Pfeff, Nicole: Kriterien für die Sprachstandsermittlung

Nicole Bachor-Pfeff ist Lehrerin und seit 2008 Mitarbeiterin an der Pädagogischen Hochschule in Karlsruhe. Sie arbeitet an ihrer Dissertation mit dem Schwerpunkt auf dem Wortschatzerwerb. Weiters gelten ihre Interessen der Semantik und Deutsch als Zweitsprache.

In diesem Text erklärt sie die Problematik von Sprachstandsermittlungen bei Kindern mit Deutsch als Zweitsprache. Sie geht davon aus, dass förderbedürftigen SchülerInnen nur geholfen werden kann, wenn es Tests gibt, die sowohl die Probleme erkennen als auch Ansatzpunkte für eine mögliche Problembehebung nennen können.

Sie fasst die bisherige Literatur zu diesem Thema zusammen und erläutert die wichtigsten Punkte. Das größte Problem ist die Trennung von Theorie und Praxis – die ich auch bei PISA erkenne. TheoretikerInnen verfügen häufig über keine praktische Erfahrung und entwickeln demnach Messinstrumente, die den Anforderungen an Sprachstandsermittlungen nicht gerecht werden können. Förderunterricht hingegen wird häufig aus der Praxis heraus entwickelt ohne auf wissenschaftlichen Erkenntnissen auf zu bauen. Die Lehrkräfte, die ihn organisieren, haben zudem keine Erfahrung mit Sprachstandsermittlungen.

Praxis und Theorie werden häufig getrennt voneinander behandelt. Viele Lehrpersonen für Lehramtsfächer an der Universität Klagenfurt besitzen keine Erfahrung in der Praxis einer Schule. Das bedeutet, dass die entwickelten Theorien nur mangelhaft überprüft werden beziehungsweise wurden und die LehrerInnen an der Schule kein Interesse daran haben. Die Zusammenführung dieser beiden Bereiche wäre dringend erforderlich, da Theorien ohne Praxisbezug sinnlos sind und die Praxis theoretischer Grundlagen bedarf, um sich verändern zu können.

Bei der Sprachstandsermittlung ist das Problem besonders gravierend, da die Sprachentwicklung nicht bei allen Personen gleich abläuft, sondern von anderen Faktoren wie sozialen und kognitiven Fähigkeiten abhängt. Es lässt sich also nicht leicht feststellen, weshalb Förderbedarf besteht: die Tests sollten hier zu einer aussagekräftigen Diagnose verhelfen.

Abgesehen davon muss der sogenannte „U-Kurven-Effekt" berücksichtigt werden, das heißt der Sprachstand kann zu einem Zeitpunkt weniger weit entwickelt scheinen als zu einem früheren, da Regeln erlernt werden, die vorher nicht verwendet wurden und ohne Übung nicht sofort korrekt angewandt werden können.

Sprachstand ist also eine individuelle Sprachvarietät, die Auskunft über die aktuelle Entwicklung eines/r Sprechers/In gibt. Reine quantitative Tests können wenig dazu beitragen, den Förderbedarf festzustellen und Auskunft darüber zu geben, wie einem Kind geholfen werden kann. Es muss auf die individuelle Situation (Lerngruppe, Zeit, etc.) eingegangen werden, eine mögliche Zwei- oder Mehrsprachigkeit berücksichtigt werden (durch gegenseitigen Einfluss der Sprachen kommt es hier zu anderen Ergebnissen als bei MuttersprachlerInnen) und die Art der Fehler differenziert werden (können sie z.b. durch den U-Kurven-Effekt erklärt werden oder handelt es sich tatsächlich um Defizite?). Außerdem sind alle beherrschten und verwendeten Sprachvarietäten zu berücksichtigen, da beispielsweise die Verwendung eines Dialekts den Sprachstand beeinflussen kann.

Zusammenfassend lässt sich sagen, dass alle externen und internen Faktoren (z.B. Familie, Motivation) berücksichtigt werden müssen, um den Sprachstand zu ermitteln und erklärbar zu machen. Da dieser jedoch nur eine Momentaufnahme ist, darf nicht leichtfertig auf Störungen geschlossen, sondern muss überlegt werden, aus welchem Grund er zu einem Zeitpunkt eine bestimmte Form annimmt.

Auch wenn dieser Text sehr viel theoretische Informationen enthält (z.B. Objektivität, Validität), die mich weniger interessieren, halte ich ihn für wichtig, da er sich mit Tests auseinandersetzt und diese zur Zeit eine große Bedeutung haben. Er kritisiert die Tendenz, aus Ergebnissen standardisierter Tests zu schnelle Schlüsse zu ziehen. Dieses Problem trifft meines Erachtens auch auf PISA zu. Tests sind wichtig, eine korrekte Deutung der Ergebnisse noch wichtiger. Tests beschränken sich häufig auf einzelne Faktoren und schließen aus den Ergebnissen allgemeine Aussagen. Ohne den Menschen als Gesamtes wahrzunehmen, können diese jedoch nicht stimmen.

3 Essay: Mehrsprachiger Deutschunterricht

Deutschunterricht ist in erster Linie Unterricht in und über die deutsche Sprache, aber was bedeutet das konkret?

In der wissenschaftlichen Auseinandersetzung mit der deutschen Sprache ist es selbstverständlich, dass die Standardsprache nur eine von vielen deutschen Sprachvarietäten ist. Sie ist zufällig zur Standardsprache gewählt worden und unterscheidet sich im Grunde nur dadurch von anderen Sprachen, dass sie die Schriftsprache ist und sich als solche weniger schnell verändert als die rein mündlichen Sprachvarietäten. (vgl. Struger 2008, S.45-51)

Allerdings ist bereits der Begriff der Standardsprache zu hinterfragen: ist nun die deutsche, die österreichische, die schweizerische oder überhaupt eine andere Sprachvariation, die von einem ganzen Land gesprochen wird, die Standardsprache? (vgl.ebd., S.48)

Diese Frage stellt sich unter anderem das Projekt DACH(L), das dafür plädiert, alle diese Regiolekte zu berücksichtigen und vergleichend nebeneinander zu stellen.

(vgl. http://cornelia.siteware.ch/blog/wordpress/2009/06/06/abcd-thesen-zur-landeskunde-und-das-dachl-konzept)

Ich halte dieses Konzept für äußerst bedeutsam, da die österreichische Sprachvarietät zunehmend der deutschen Platz machen muss (z.B. Lebensmitteletikettierungen). Hieran merken vermutlich alle ÖsterreicherInnen, was es bedeutet, die eigene Sprachvarietät zugunsten einer anderen aufgeben zu müssen.

Dieselbe Bedeutung hat es für BewohnerInnen kleiner Ortschaften beziehungsweise von Städten, wenn ihr Dialekt hinter die Standardsprache zurücktreten muss. Vermutlich gilt dasselbe auch für Menschen mit Deutsch als Zweitsprache, die beide Sprachen individuell vermischen. (vgl.Rastner, S.20-31) Diese natürlichen Sprachvarietäten und Sprachvermischungen aus dem DU zu verbannen, bedeutet, den SprecherInnen einen Teil ihres Selbstverständnisses und ihrer Kultur zu nehmen, worauf diese eher ablehnend reagieren werden. (vgl. Struger, S.45)

Im Grammatikunterricht können alle Sprachverwendungen sowie die Migrationssprachen berücksichtigt und gleichzeitig sowohl das Interesse der SchülerInnen als auch deren Verständnis für grammatische Kategorien geweckt werden. Dabei ist es wichtig, zwischen Schriftlichkeit und Mündlichkeit zu unterscheiden. Während in der geschriebenen Sprache nur in bestimmten Situationen (z.B. Internet, SMS) andere Sprachvarietäten als die Standardsprache erlaubt sein sollten, wird die gesprochene Sprache spontan produziert. Eine ständige Verbesserung von Fehlern würde den Kommunikationsfluss stoppen. Hier sollte die natürliche Sprachverwendung erlaubt sein. (vgl.Abraham, S.11)

Allerdings erweist sich diese Theorie in der Praxis als schwer umsetzbar: Erstens müssen die SchülerInnen in der Lage sein, die Standardsprache auch in der Mündlichkeit zu verwenden. Zweitens wirken einige Sprachmischungen wie das „Türkendeutsch" (Türkisch und Deutsch) sowie viele Dialekte auf ÖsterreicherInnen als Verunglimpfung der deutschen Sprache. (vgl.Stahl/Müller 2011, S.8-17) Mit diesen Vorurteilen können viele Eltern und LehrerInnen nicht umgehen, weshalb es nötig wäre, politisch und medial über diese Probleme zu sprechen und nach einer Lösung zu suchen. (vgl.Gogolin 2001, S.1-4)

Aus Interviews, die ich mit zweisprachig aufgewachsenen Kindern durchführte, erkannte ich, dass die Erwähnung der eigenen Muttersprache Wertschätzung zeigt. Die Bedeutung von Dialekten kommt bei dem Bewusstsein für Sprachenvielfalt zu kurz. Diese werden in der Schule kaum beachtet. Aus Furcht davor, dass die Standardsprache ihren Stellenwert verlieren könnte, wird ein Sprachenvergleich häufig auch von den SchülerInnen nicht erwünscht.

DialektsprecherInnen und Kinder mit Deutsch als Zweitsprache haben häufig Probleme mit der Standardsprache. Nach Benz empfiehlt es sich allerdings, für ein Verständnis des Unterschieds zwischen den Sprachen der SchülerInnen und der Standardsprache, erstere hinzu zu ziehen. (vgl.Benz 2011, S.29-39)

Da LehrerInnen häufig selbst nicht in der Lage sind, lediglich in der Standardsprache zu sprechen, wäre die Erwähnung der Sprachvarietäten jedoch äußerst wichtig. Die Kinder sollten in der Lage sein, selbst zwischen Standardsprache und dialektalen Äußerungen zu unterscheiden. Außerdem muss ihnen bewusst werden, dass sie eine innere Mehrsprachigkeit besitzen, um auf ihre Wortwahl achten zu können.

Es geht demnach gerade darum, dass die Kinder lernen, was die Standardsprache von anderen Sprachverwendungsmöglichkeiten unterscheidet. Dies sollte sowohl durch einen Sprachenvergleich als auch durch die bewusste Verwendung der Standardsprache des Landes (also beispielsweise in Österreich dem Österreichischen) durch den/die LehrerIn bewusst gemacht werden. Außerdem wäre es möglich, unterschiedliche Situationen zu inszenieren, die nach einer Verwendung verschiedener Sprachvarietäten verlangen. So könnte die Bedeutung der Standardsprache erklärt und deren Beherrschung kontrolliert werden.

Leider weiß ich aus meiner eigenen Erfahrung, dass der monolingual ausgerichtete DU den Standard darstellt und weder Migrationssprachen noch Dialekte berücksichtigt werden. An meiner Schule, dem „Piaristengymnasium" in der Wiener Josefstadt, einem „Elite"-Gymnasium – es wurde stets mit dem Schottengymnasium verglichen – wurde wenig Wert auf diese Sprachen gelegt. Obwohl die Hälfte meiner Klasse einen Migrationshintergrund hatte, wurden weder die Sprachen, die an der Schule unterrichtet wurden, miteinander verglichen noch fanden Migrationssprachen meines Wissens nach gesonderte Unterrichtseinheiten. Meiner besten Freundin wurde die Verwendung des Dialekts von ihren Eltern – selbst Dialektsprecherinnen – verboten, um eine mögliche Diskriminierung zu vermeiden.

Die schlechtere Benotung von Kindern mit Migrationshintergrund und DialektsprecherInnen kann durch die Berücksichtigung ihrer Sprachen nicht völlig gelöst werden. Dennoch halte ich einen Unterricht, der sämtliche Sprachen einer Klasse berücksichtigt, für sinnvoll. Die Standardsprache muss zwar ihren Stellenwert behalten, wird jedoch besser gelernt, wenn verdeutlicht wird, wodurch sie sich von anderen Sprachvarietäten unterscheidet. Außerdem wird die Erwähnung der gesprochenen Sprachen als Wertschätzung erkannt, was ein höheres Interesse der SchülerInnen bedeutet. Dieses wiederum ist gerade für den Grammatikunterricht von großer Bedeutung, dessen Stellenwert von den SchülerInnen selten erkannt wird.

Ich bin dafür, Sprachenvergleiche in den Unterricht einzubauen, aber gleichzeitig darauf zu achten, dass die SchülerInnen in der Lage sind, sich der Standardsprache zu bedienen und wissen, in welchen Situationen sie keine Dialekte benutzen dürfen. Ein ausgeprägtes Sprachbewusstsein kann meines Erachtens auch einer Automatisierung des Dialekts entgegen wirken: die Kinder entdecken die Unterschiede zwischen ihrer eigenen und der Standardsprache und können so auf diese achten. Um dies zu ermöglichen, muss die Bedeutung von Sprachenunterricht jedoch erst Eltern und LehrerInnen bewusst gemacht werden.

4 Quellen

Bachor-Pfeff, Nicole (2011): Kriterien für die Sprachstandsermittlung bei Kindern und Jugendlichen. Eine Bestandsaufnahme. In: Bundesamt für Migration und Flüchtlinge (Hrsg.): Deutsch als Zweitsprache. Heft 4. Baltmannsweiler: Schneider, S.48-53. 1619-8433. 10 Euro

Benz, Victoria (2011): Koordinierter Lese-Schreib-Lehrgang Türkisch-Deutsch im ersten Schuljahr. Durchführung und Evaluation eines Unterrichtskonzeptes. In: Bundesamt für Migration und Flüchtlinge (Hrsg.): Deutsch als Zweitsprache. Heft 2. Baltmannsweiler: Schneider, S.29-39. 1619-8433. 10 Euro

Dürscheid, Christa (2012): Sprache im Deutschunterricht – kein Spiel ohne Grenzen. Einführung in das Themenheft. In: Der Deutschunterricht. Beiträge zu seiner Praxis und wissenschaftlichen Grundlegung. Velber: Friedrich, Klett. Heft 1 (Orthographische und grammatische Spielräume), S.2-6, 520163, 17, 90 Euro

Gogolin, Ingrid (2001): Die Verantwortung der Grundschule für Bildungserfolge und – misserfolge. In: Materialien des Forum Bildung. Bildung und Qualifizierung von Migrantinnen und Migranten. Anhörung des Forum Bildung, Berlin

Karlas, Maria (2011): Herausforderungen bei der Einführung neuer Aufgaben im zweitsprachlichen Alphabetisierungsunterricht. Eine Unterrichtsvideographie. In: Bundesamt für Migration und Flüchtlinge (Hrsg.): Deutsch als Zweitsprache. Heft 2. Baltmannsweiler: Schneider, S.41-48. 1619-8433. 10 Euro

Rastner, Eva Maria (2005): Mehrsprachigkeit als Sprach- und Kulturkompetenz. Sprachliche Entdeckungsreisen im Unterrichtsfach Deutsch. In: Glaboniat, Manuela/Rastner, Eva Maria/Wintersteiner, Werner: Ide (Informationen zur Deutschdidaktik) 2 (Sprachbegegnungen). Innsbruck/Wien/Bozen: StudienVerlag, S.20-31, 0721-9954, 18,80 Euro

Stahl, Aneka/Müller, Klaus (2011): Hybridität und Sprachdidaktik. Sprachmischungen – Problemfälle oder Bereicherungen für den Unterricht? In: Bundesamt für Migration und Flüchtlinge (Hrsg.): Deutsch als Zweitsprache. Heft 2. Baltmannsweiler: Schneider, S.29-39. 1619-8433. 10 Euro

Stirnemann, Knut (2012): Wer hat recht oder wer hat Recht? Umgang mit orthographischen Varianten im Deutschunterricht der Sekundarstufen I und II. In: Der Deutschunterricht. Beiträge zu seiner Praxis und wissenschaftlichen Grundlegung. Velber: Friedrich, Klett. Heft 1 (Orthographische und grammatische Spielräume), S.15-24, 520163, 17, 90 Euro

Struger, Jürgen (2008): „Das gehört sich nicht". Umgangssprache, Dialekt und Sprachvarianten im Deutschunterricht – für eine Kultur des sensibilisierten Zuhörens. In: Saxalber-Tetter, Annemarie/Struger, Jürgen (Hrsg.): Ide (Informationen zur Deutschdidaktik) 3 (Individualisierung). Innsbruck/Wien/Bozen: StudienVerlag, S.45-51, 0721-9954, 18,80 Euro

Weedon, Chris (1991): Wissen und Erfahrung. Feministische Praxis und poststrukturalistische Theorie. Dortmund, efef-Verlag

Online:

http://www.erziehung.net/informationen/erziehung-allgemein/erziehungsstile.html

http://www.blk-bonn.de/papers/forum-bildung/band11.pdf